UNICORN ACTIVITY BOOK FOR KIDS

AGES 6-8

ILLUSTRATIONS BY:

Young
DREAMERS
PRESS

DREAM. INSPIRE. CREATE.

VISIT US ONLINE:
WWW.YOUNGDREAMERSPRESS.COM

**TAG US ON INSTAGRAM
FOR A CHANCE TO BE FEATURED:**
WWW.INSTAGRAM.COM/YOUNGDREAMERSPRESS

WE'RE ALSO ON FACEBOOK:
WWW.FACEBOOK.COM/YOUNGDREAMERSPRESS

ISBN-13: 978-1-989790-94-6

THIS PAGE INTENTIONALLY LEFT BLANK

START

FINISH

FIND THE PAIR
(CIRCLE YOUR ANSWERS)

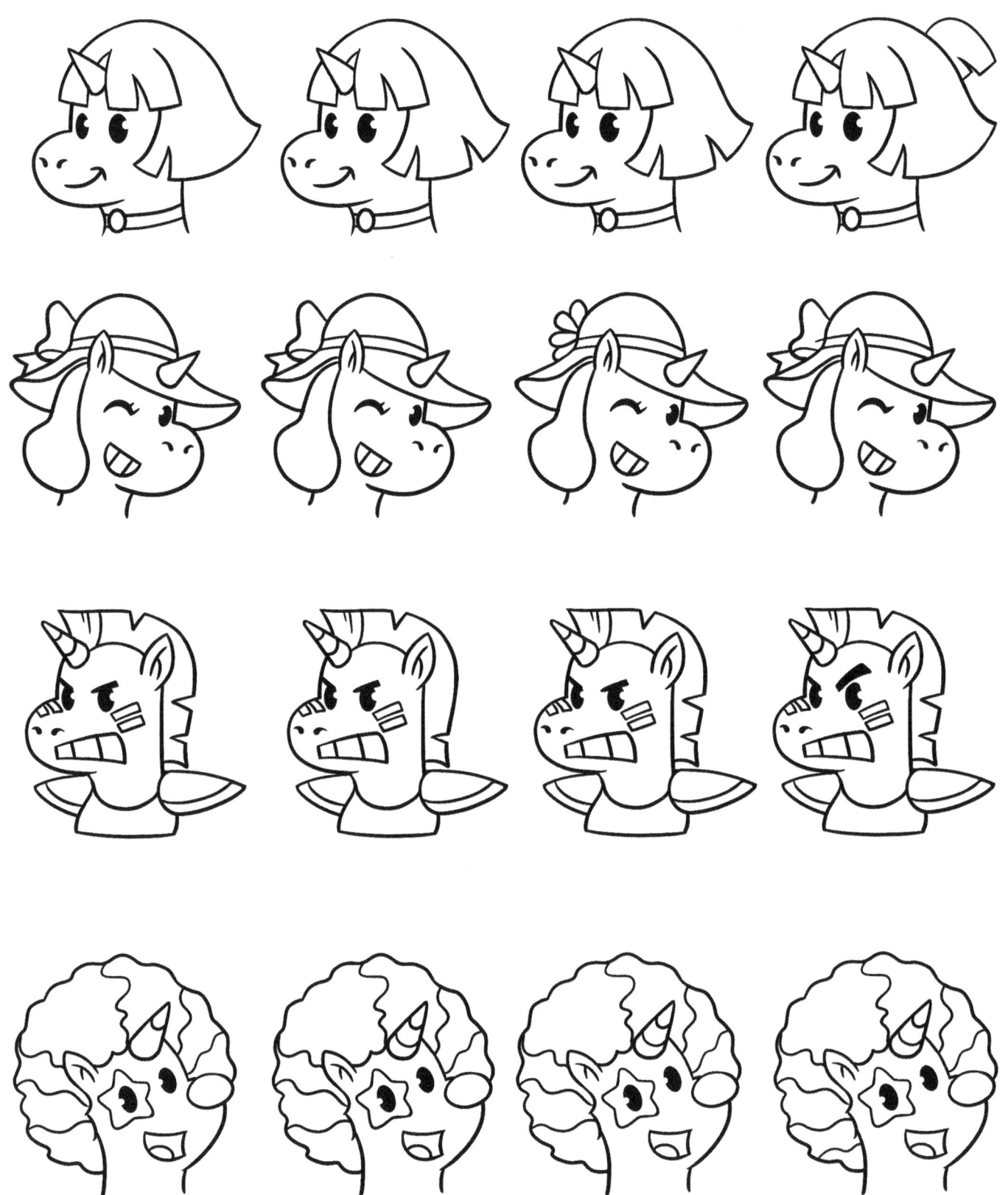

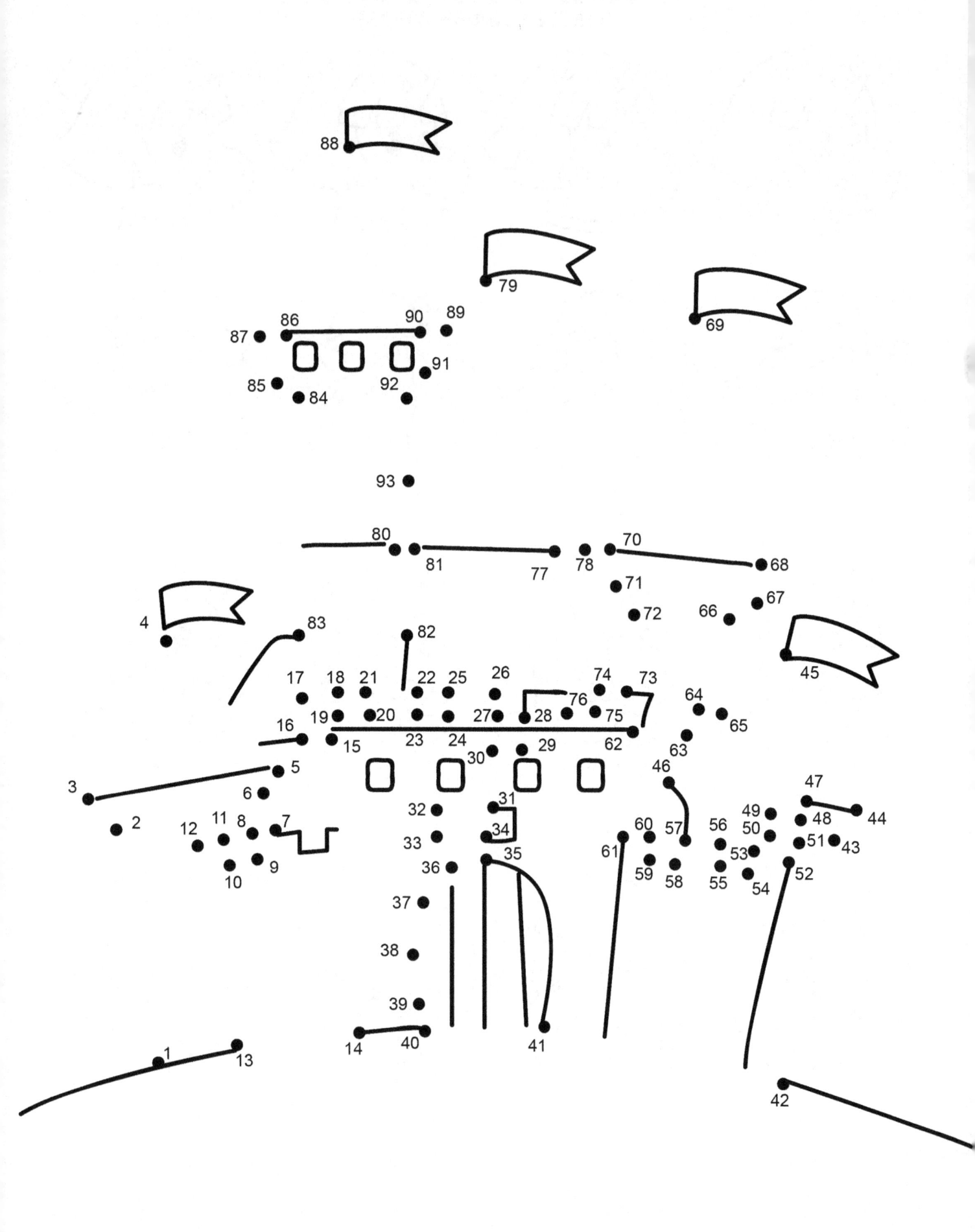

DRAW YOUR OWN

GALLOP CREST TROT
BRUSH   TAIL   STIRRUP
STALLION HORSE PONY

WORD SCRAMBLE

Can you unscramble these Unicorn words?

nnaaiimoitg   _____

lathegur   _____

sevoho   _____

srpeini   _____

iddohohcl   _____

fayatns   _____

uprlep   _____

ipasesnhp   _____

yfrai tlae   _____

npki   _____

bonwair   _____

retces   _____

ityvactire   _____

aianlm   _____

uespirrs   _____

dosow   _____

eforst   _____

gasme   _____

tsabe   _____

aelp   _____

idweng   _____

flasoubu   _____

sioltaln   _____

ndervutae   _____

FIND 15
DIFFERENCES
(CIRCLE YOUR
ANSWERS)

THIS PAGE INTENTIONALLY LEFT BLANK.
(FEEL FREE TO DOODLE ON IT!)

1. Green
2. Orange
3. Yellow
4. Deep blue
5. Blue
6. Pink
7. Purple
8. Light green
9. Red

FIND THE PAIR
(CIRCLE YOUR ANSWERS)

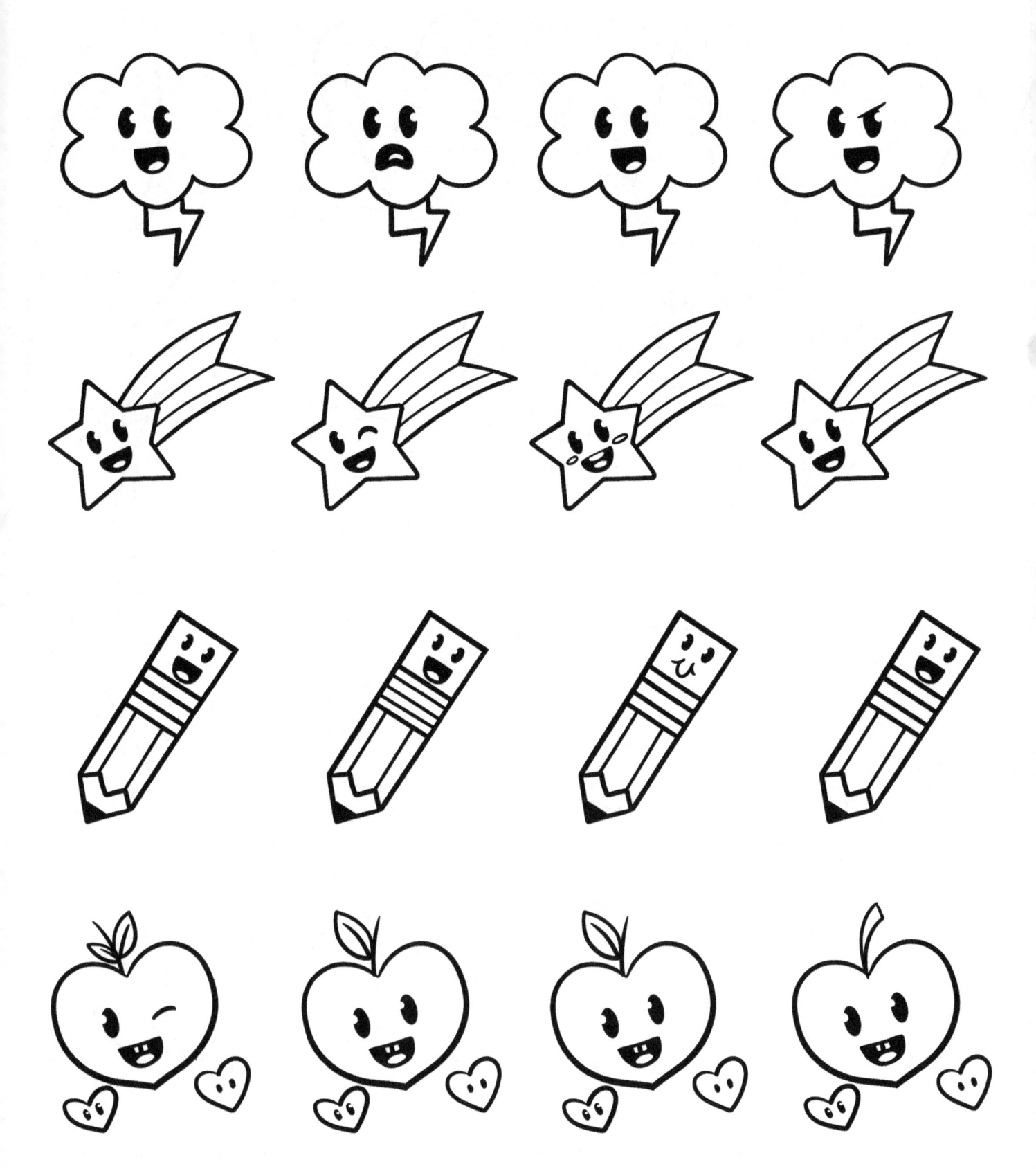

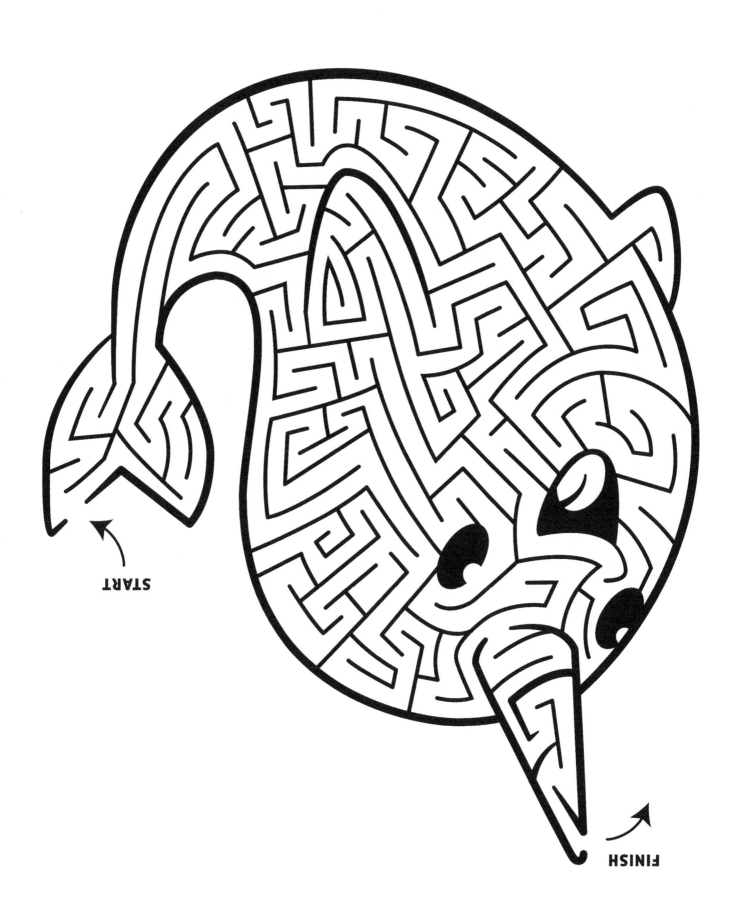

START

FINISH

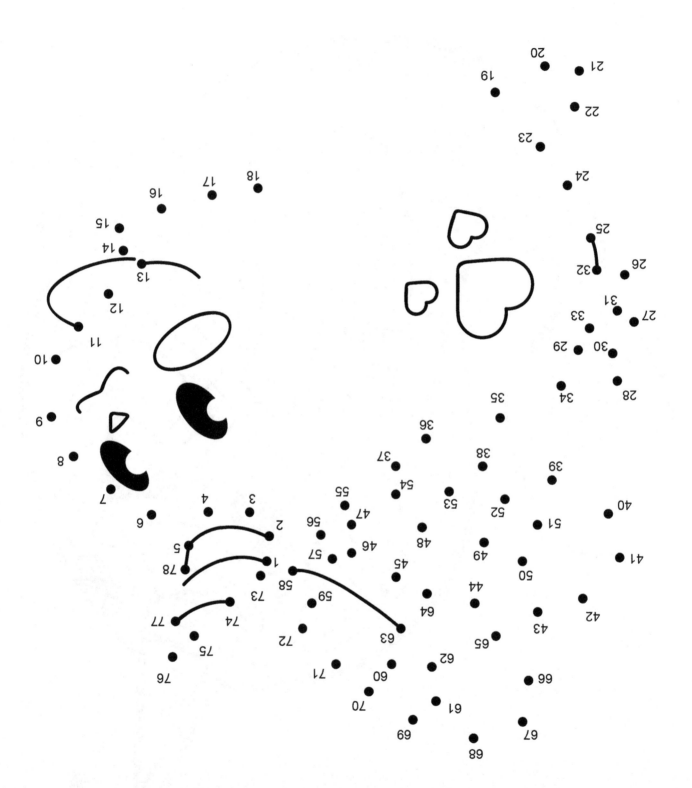

DRAW YOUR OWN

```
W I K S P E R Y H F N W A G I T
C F Y H A P U V I B O D K Y J Z
J T P C W M O Z L T E R C L P D
A B R E N G C W J X G A S F R A
G D B U F S D M E Y B H U E V G
T R E H T V L D K R T N C T O P
U V L O G H M I F G F L W U Y T
E O I S N A T Z N O V U M F N E
S I E Y U P C E I S Y H L E O K
T C V K D G R B R F P B D A T G
W E E P E T H P M J C I R N H S
H G Y O S P A D S V F Z R U C O
A S I F E R G T J N N K Y E L W
L D T U K O X Y O I F S P M T A
S P A R K P E C D W G R A F O Y
```

CONFIDENT   SPARK   TRUTH
BELIEVE   VOICE   STRENGTH
BEAUTY   INSPIRE
POWERFUL

THIS PAGE INTENTIONALLY LEFT BLANK.
(FEEL FREE TO DOODLE ON IT!)

UNICORN SCAVENGER HUNT

Can you find the items listed below around your house? Color in each star when you FIND them!

- a horn
- a stuffed animal
- something magical
- something pink
- something that glitters
- something silver
- something sweet
- a star-shaped object
- something that makes music
- something that can fly
- a rainbow

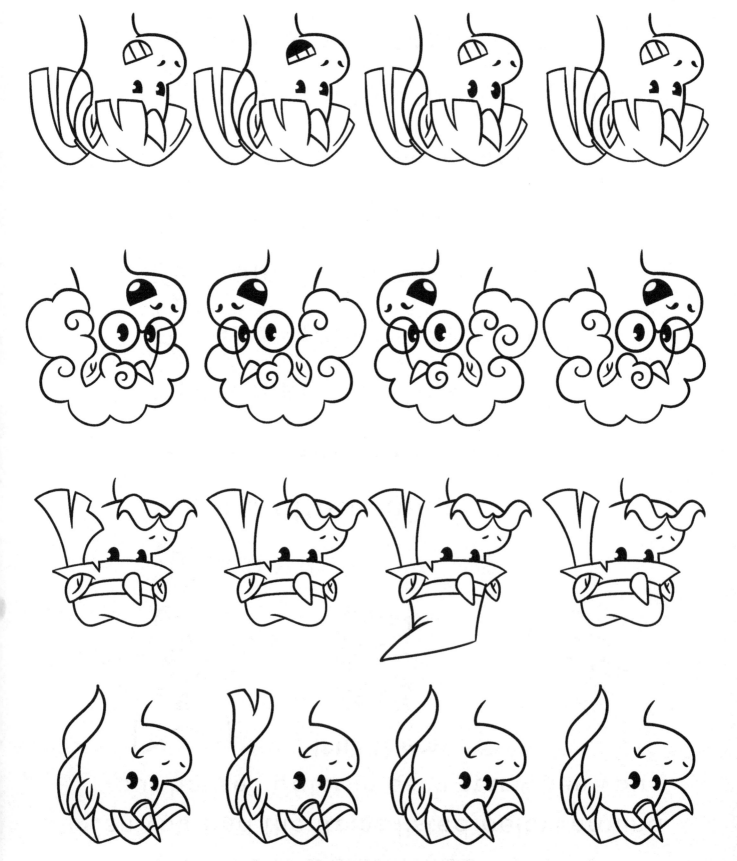

FINISH

START

1
2
3
4
5
6
7
8
9
10
11
12
13
14
15
16
17
18
19
20
21
22
23
24
25
26
27
28
29
30
31
32
33
34
35
36
37
38
39
40
41
42
43
44
45
46
47
48

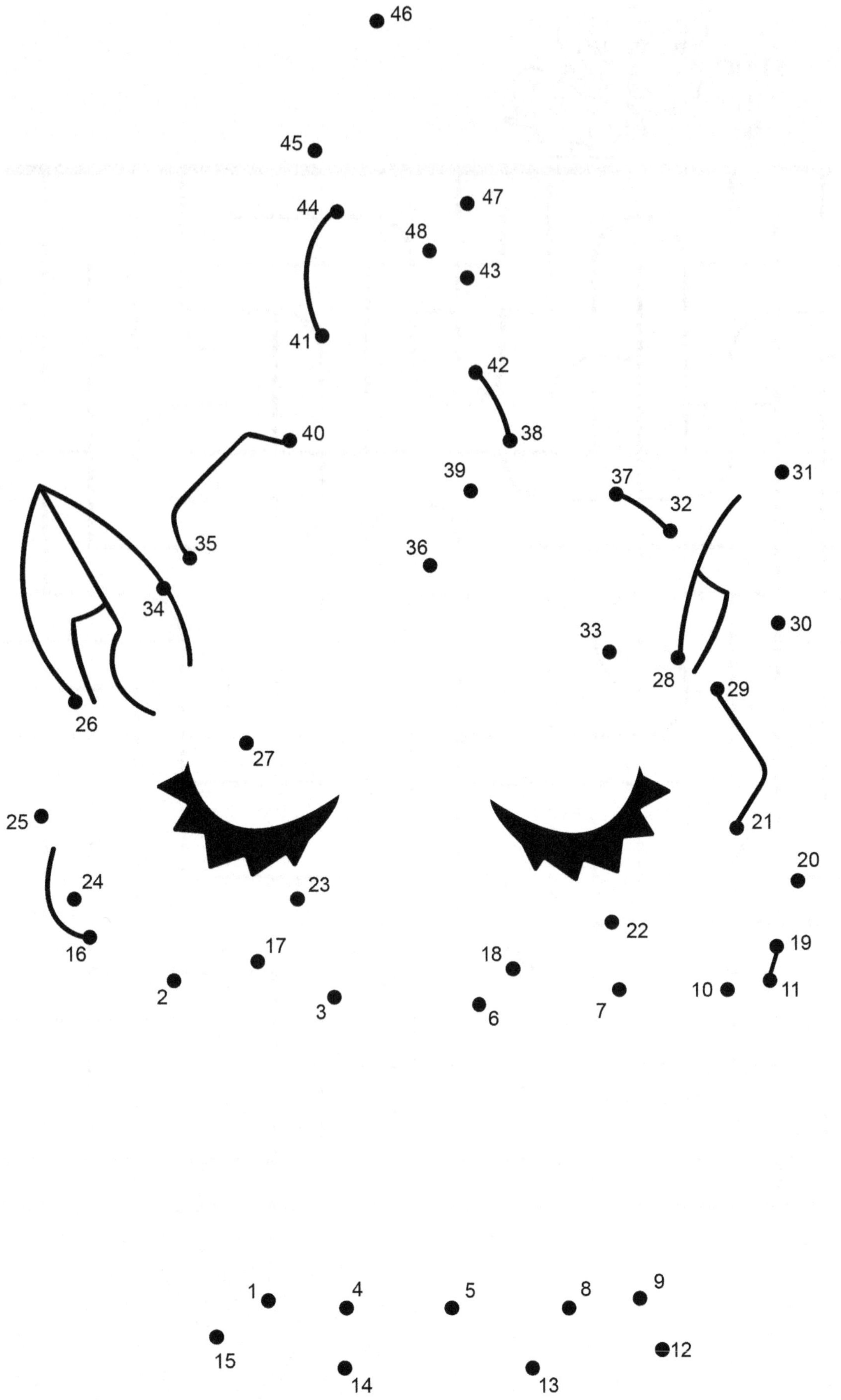

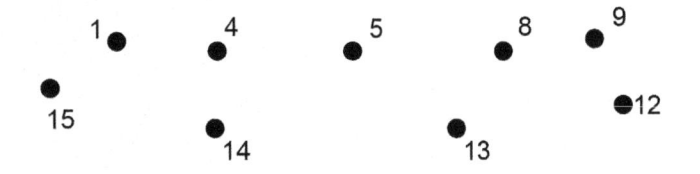

1. Green
2. Orange
3. Yellow

4. Deep blue
5. Blue
6. Pink

7. Purple
8. Light green
9. Red

K U R Z P A J K R U B H I N T B
I N A S W B N I E F W H G O O T
B P I N O S U N S H I N E B A X
O U N F G L X T Y U K J L B H E
E L B A I S B J T H P T I N B U
N F O B H E P W H E J A E F S N
S I W E L T Z A N Y R T O U L Z
P L X S K E T G R F N C O P W G
A R W I O N S E F K S D U T G L
R U T B E Y M J D N L B W P A I
G B F O Z M T T U Y B E H O B T
I Y O S I O F N E L G A S U K T
V N E H B G U X W A Z I T N X E
H P S K M O O N L I G H T A L R
A N L S H I E R U B O S H W S F

SPARKLES   BUBBLES
RAINBOW   SUNSHINE
SHIMMER   MOONLIGHT
GLITTER   RUBY
BUTTERCUP

THIS PAGE INTENTIONALLY LEFT BLANK.
(FEEL FREE TO DOODLE ON IT!)

FIND THE PAIR
(CIRCLE YOUR ANSWERS)

FINISH

START

FIND 15
DIFFERENCES
(CIRCLE YOUR
ANSWERS)

```
U T E F C R U N I V E N J M U V
N U N I S O N R Y F T O A B N E
I V O M U N I I D E M C R U I R
D U R U A J C K R U W A L N C T
O C N N V E O A Y N L V M I O U
U E R I O Y R L O I F G E L L N
N N A T M Z N V S U C O A D I
I T U Y K P T U E T N Z M T E O
F O W N R L O W C E I R L E J N
I A E M I Y F R M K O A Y R K E
S U K O A B Z A T F G V Z A O V
U N I C Y C L E I A J F R L M A
R I E M T M J N R U N I S A R T
Z O J C A T U O L E C T K F O E
A S V A W E Y U N I V E R S E T
```

UNIVERSE   UNION   UNILATERAL

UNIT   UNIFORM   UNICORN

UNICYCLE   UNIMPORTANT

UNISON

DRAW YOUR OWN

FINISH

START

THIS PAGE INTENTIONALLY LEFT BLANK.
(FEEL FREE TO DOODLE ON IT!)

KINDNESS BINGO

Hold the Door Open for Someone	Smile at 10 People	Make a Thank You Card for your Teacher
Donate some Toys or Clothes to a local Charity	Write Down 3 Reasons Why You are Proud of Yourself	Sit with a New Person at Lunch Time
Give Someone a Hug	Ask Someone about Their Day	Compliment Someone Today
Write a Letter or Draw a Picture for Someone in Your Family	Find Something in Common with a Classmate	Learn to Say Thank You in a New Language

FIND 10
DIFFERENCES
(CIRCLE YOUR
ANSWERS)

```
K R V K I S M P A D Y N U F T X
D I A M E Y G L C D R A G O N W
C M N P H Q U B H I S G L W I J
Z D R G C F N A L R D U Z S A M
U B I L O T V M P W O H V S Y D
M A F Z S S D U S X C M U E R I
G V H E T I M L C A S T L E L A
N U T X P J L E N D K I G U P M
L R M O F N A T V B Q M D Q T O
A Y P C W D B O G J U S S A N N
I P K Q U E L M T R E W Y F O D
R S T I H Z R F G S E L O C A S
K L A R J D N H O X N K D E R U
C E B O P R I N C E S S Y G I F
F D K U A G S E U L T A F Q V P
```

CASTLE   QUEEN   DRAGON
PRINCESS   KING   TOWER
LAIR
AMULET
DIAMOND

1. White
2. Light blue
3. Yellow
4. Pink
5. Blue
6. Lilac
7. Purple
8. Light green
9. Green

THIS PAGE INTENTIONALLY LEFT BLANK.
(FEEL FREE TO DOODLE ON IT!)

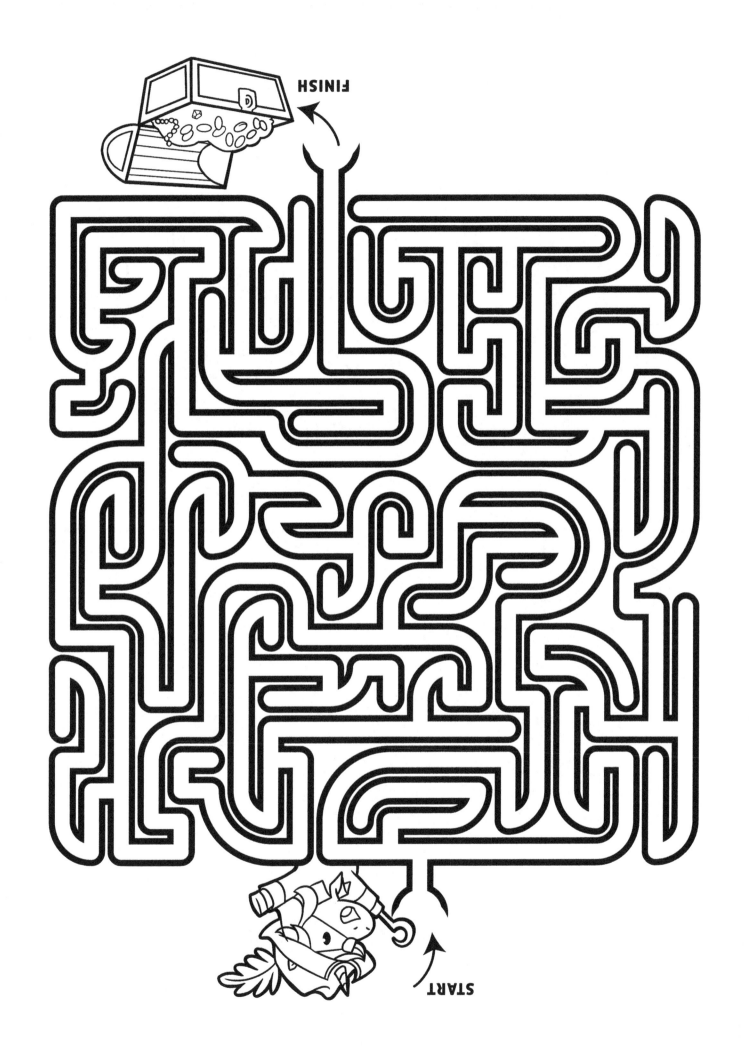

FIND **10** DIFFERENCES
(CIRCLE YOUR ANSWERS)

O J A D K D Y U R P A G M E D Z
N G C U I G R N T G R I F F I N
A O S H F L H A M B O R H C S U
T M E P D T N I G E Y X N D V A
P E G A S U S R C O R F C I R W
U R I L R Z E S V P N F H B E H
C M Y G S M H U F L S K I S J T
D A O B O I X Y A O M F M O A N
N I T N Z C W A I D A U E R M U
O D G E F N K R R E L H R L S C
P U M S P U S G Y T I N A U P I
I H O A J E I W C L C Y W X E G
T G Y F F H O D F R O C N A S Y
V A M S C E N T A U R E H R U T
R C L U F I G E Y D N C O Y G L

FAIRY   PEGASUS   MERMAID

DRAGON   CHIMERA   GRIFFIN

CENTAUR   GNOME   ALICORN

SPOT THE DIFFERENCES ANSWERS

SPOT THE DIFFERENCES AND DOT TO DOT ANSWERS

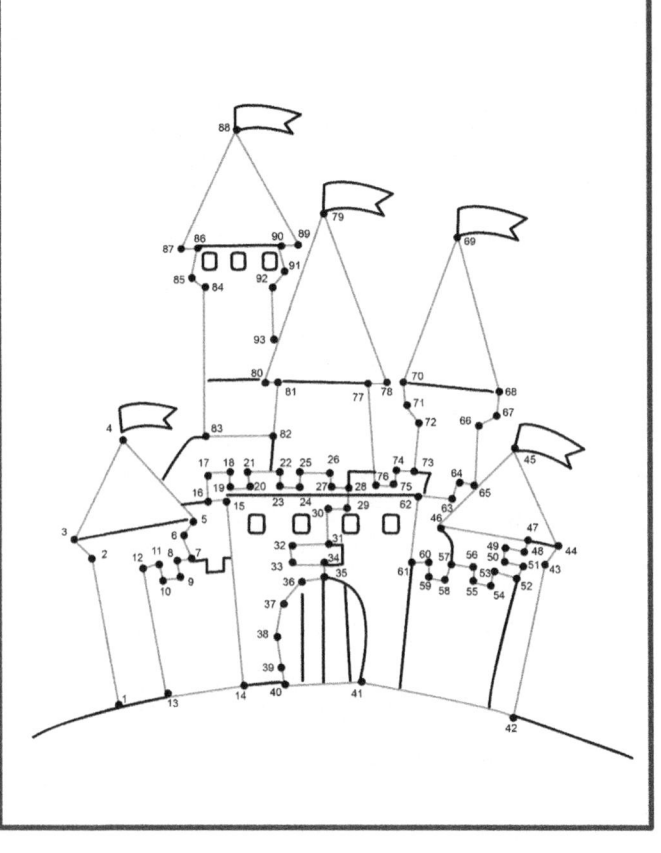

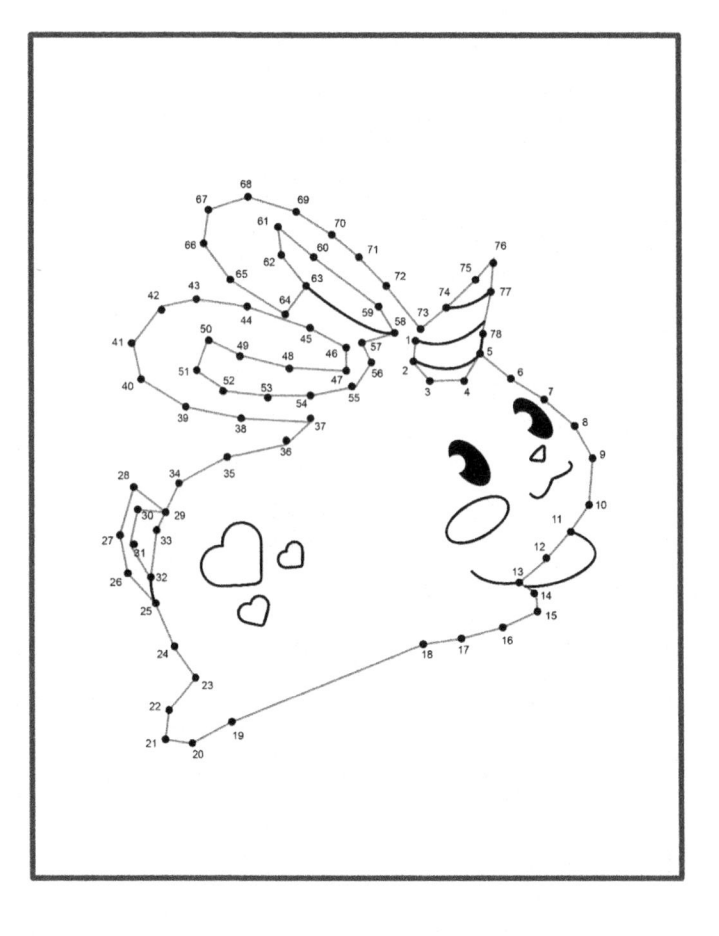

DOT TO DOT AND WORD SCRAMBLE ANSWERS

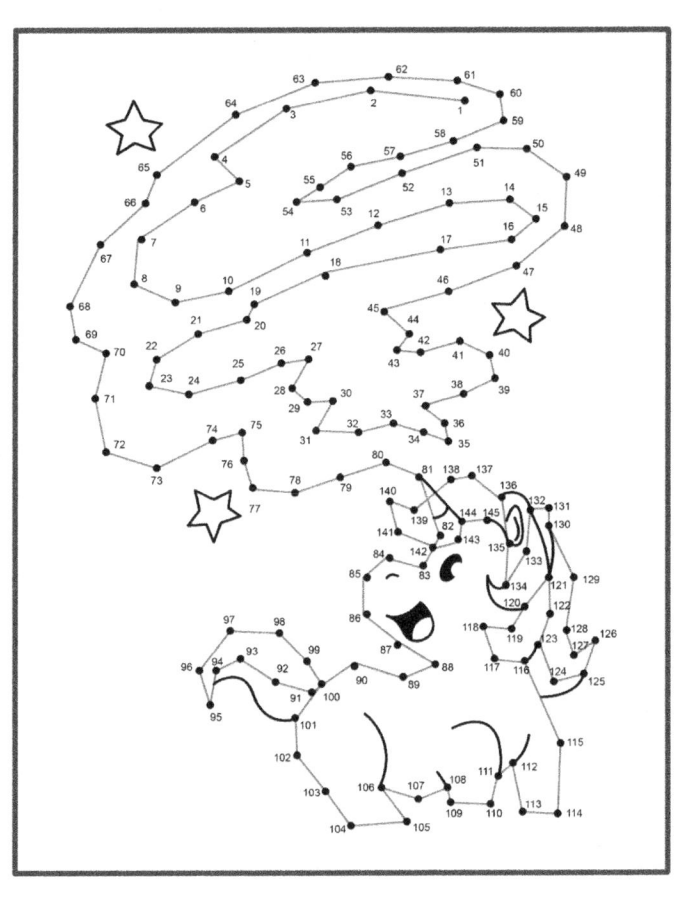

FIND THE PAIR ANSWERS

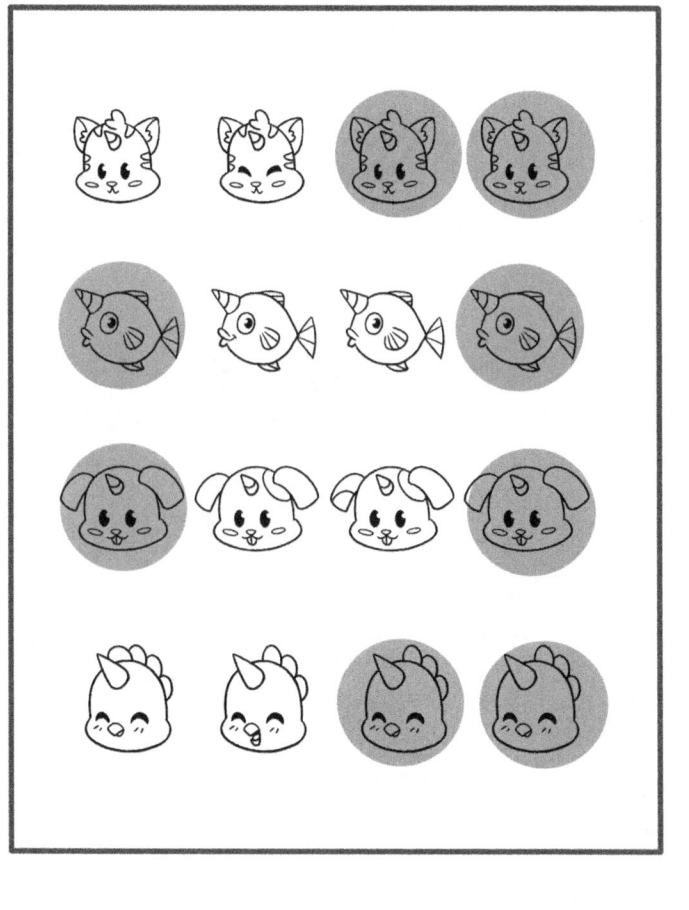

MAZES ANSWERS

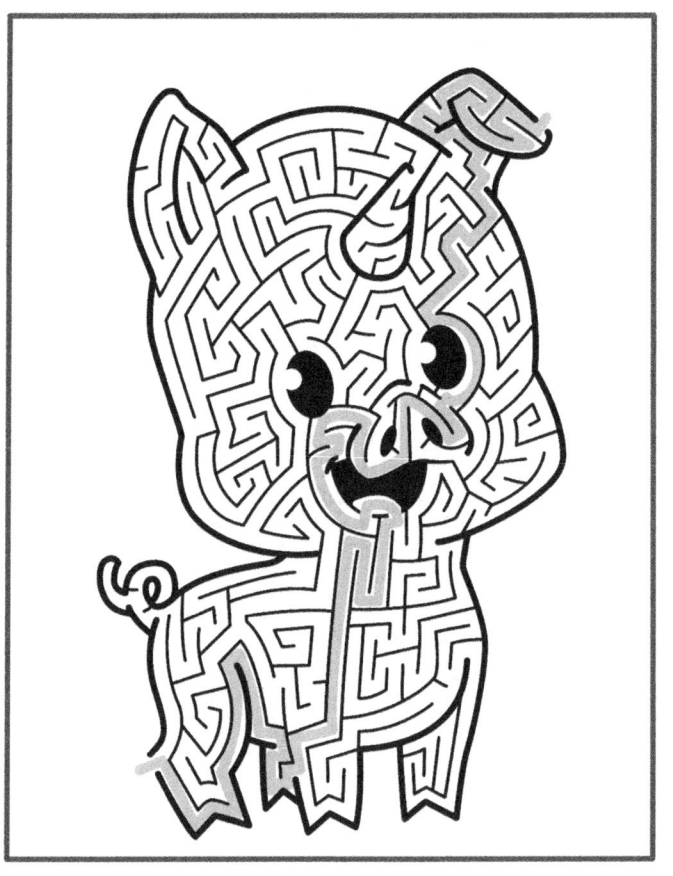

MAZES AND WORD SEARCH ANSWERS

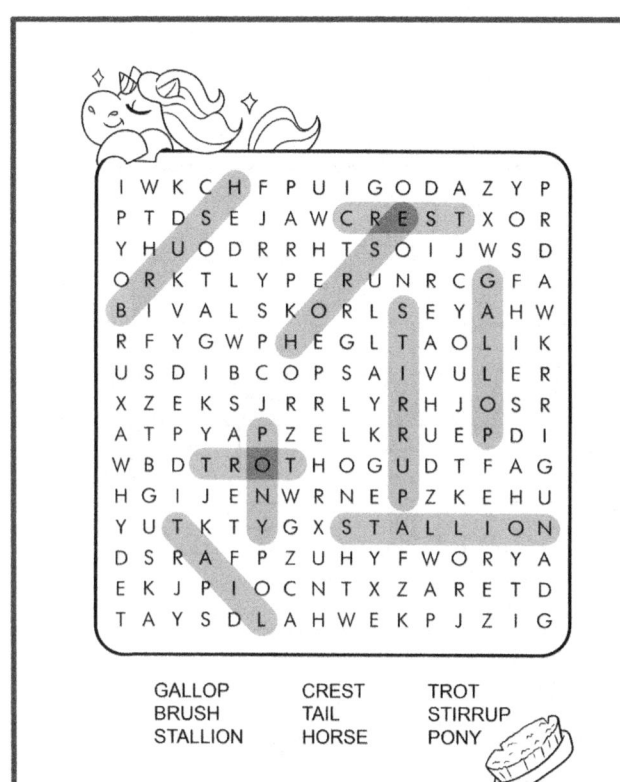

I W K C H F P U I G O D A Z Y P
P T D S E J A W C R E S T X O R
Y H U O D R R H T S O I J W S D
O R K T L Y P E R U N R C G F A
B I V A L S K O R L S E Y A H W
R F Y G W P H E G L T A O L I K
U S D I B C O P S A I V U L E R
X Z E K S J R R L Y R H J O S R
A T P Y A P Z E L K R U E P D I
W B D T R O T H O G U D T F A G
H G I J E N W R N E P Z K E H U
Y U T K T Y G X S T A L L I O N
D S R A F P Z U H Y F W O R Y A
E K J P I O C N T X Z A R E T D
T A Y S D L A H W E K P J Z I G

GALLOP	CREST	TROT
BRUSH	TAIL	STIRRUP
STALLION	HORSE	PONY

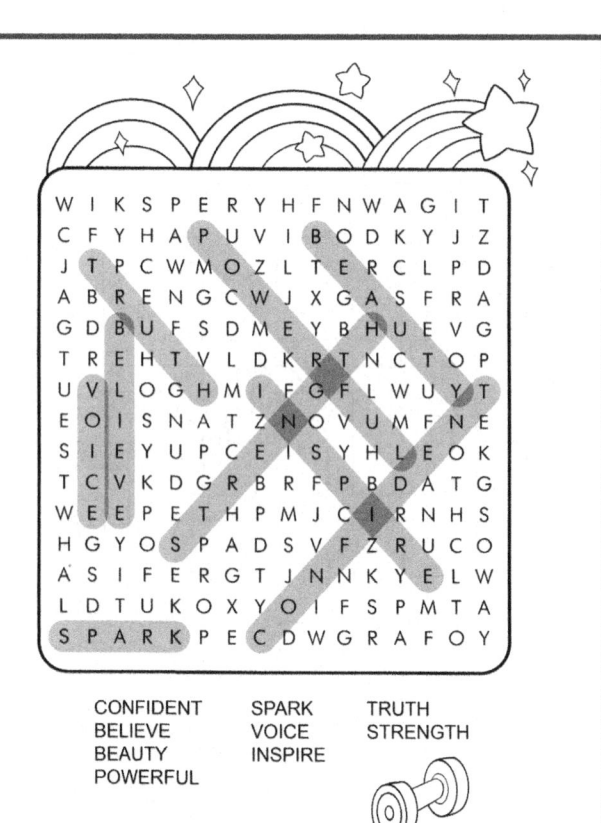

W I K S P E R Y H F N W A G I T
C F Y H A P U V I B O D K Y J Z
J T P C W M O Z L T E R C L P D
A B R E N G C W J X G A S F R A
G D B U F S D M E Y B H U E V G
T R E H T V L D K R T N C T O P
U V L O G H M I F G F L W U Y T
E O I S N A T Z N O V U M F N E
S I E Y U P C E I S Y H L E O K
T C V K D G R B R F P B D A T G
W E E P E T H P M J C I R N H S
H G Y O S P A D S V F Z R U C O
A S I F E R G T J N N K Y E L W
L D T U K O X Y O I F S P M T A
S P A R K P E C D W G R A F O Y

CONFIDENT	SPARK	TRUTH
BELIEVE	VOICE	STRENGTH
BEAUTY	INSPIRE	
POWERFUL		

WORD SEARCH ANSWERS

Puzzle 1

```
K U R Z P A J K R U B H I N T B
I N A S W B N I E F W H G O O T
B P I N O S U N S H I N E B A X
O U N F G L X T Y U K J L B H E
E L B A I S B J T H P T I N B U
N F O B H E P W H E J A E F S N
S I W E L T Z A N Y R T O U L Z
P L X S K E T G R F N C O P W G
A R W I O N S E F K S D U T G L
R U T B E Y M J D N L B W P A I
G B F O Z M T T U Y B E H O B T
I Y O S I O F N E L G A S U K T
V N E H B G U X W A Z I T N X E
H P S K M O O N L I G H T A L R
A N L S H I E R U B O S H W S F
```

SPARKLES   BUBBLES
RAINBOW   SUNSHINE
SHIMMER   MOONLIGHT
GLITTER   RUBY
BUTTERCUP

Puzzle 2

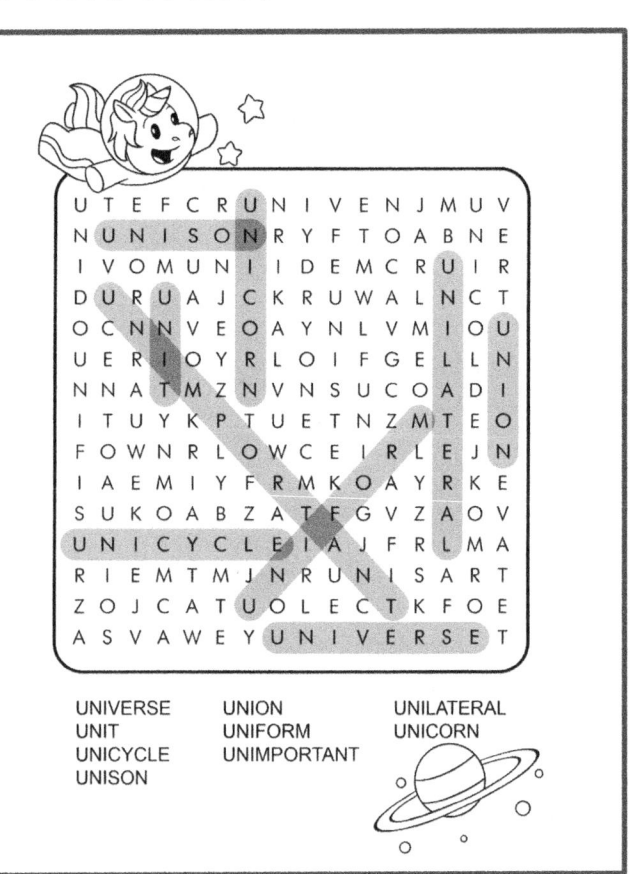

```
U T E F C R U N I V E N J M U V
N U N I S O N R Y F T O A B N E
I V O M U N I I D E M C R U I R
D U R U A J C K R U W A L N C T
O C N N V E O A Y N L V M I O U
U E R I O Y R L O I F G E L L N
N N A T M Z N V N S U C O A D I
I T U Y K P T U E T N Z M T E O
F O W N R L O W C E I R L E J N
I A E M I Y F R M K O A Y R K E
S U K O A B Z A T F G V Z A O V
U N I C Y C L E I A J F R L M A
R I E M T M J N R U N I S A R T
Z O J C A T U O L E C T K F O E
A S V A W E Y U N I V E R S E T
```

UNIVERSE   UNION   UNILATERAL
UNIT   UNIFORM   UNICORN
UNICYCLE   UNIMPORTANT
UNISON

Puzzle 3

```
K R V K I S M P A D Y N U F T X
D I A M E Y G L C D R A G O N W
C M N P H Q U B H I S G L W I J
Z D R G C F N A L R D U Z S A M
U B I L O T V M P W O H V S Y D
M A F Z S S D U S X C M U E R I
G V H E T I M L C A S T L E L A
N U T X P J L E N D K I G U P M
L R M O F N A T V B Q M D Q T O
A Y P C W D B O G J U S S A N N
I P K Q U E L M T R E W Y F O D
R S T I H Z R F G S E L O C A S
K L A R J D N H O X N K D E R U
C E B O P R I N C E S S Y G I F
F D K U A G S E U L T A F Q V P
```

CASTLE   QUEEN   DRAGON
PRINCESS   KING   TOWER
LAIR
AMULET
DIAMOND

Puzzle 4

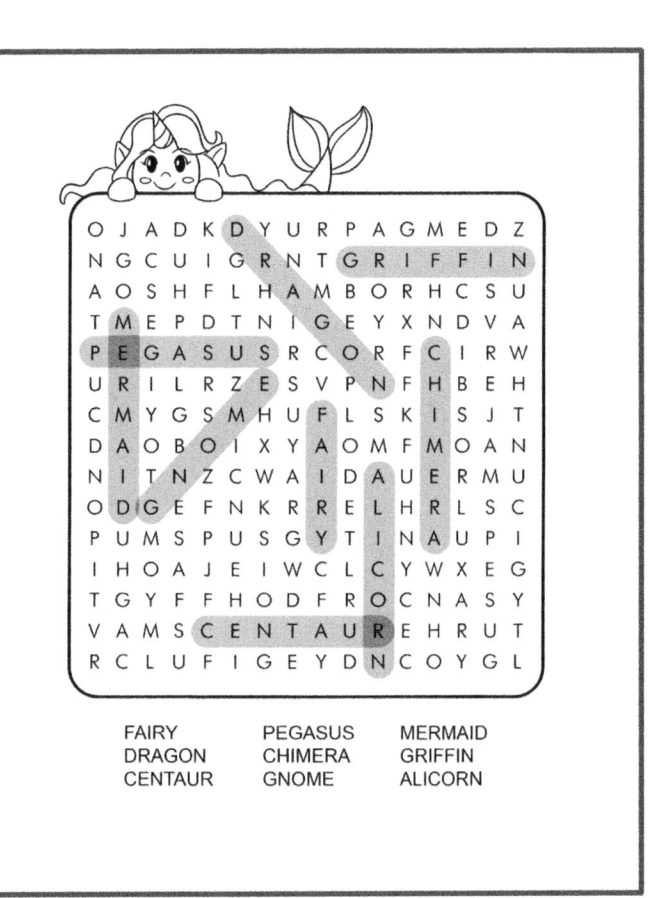

```
O J A D K D Y U R P A G M E D Z
N G C U I G R N T G R I F F I N
A O S H F L H A M B O R H C S U
T M E P D T N I G E Y X N D V A
P E G A S U S R C O R F C I R W
U R I L R Z E S V P N F H B E H
C M Y G S M H U F L S K I S J T
D A O B O I X Y A O M F M O A N
N I T N Z C W A I D A U E R M U
O D G E F N K R R E L H R L S C
P U M S P U S G Y T I N A U P I
I H O A J E I W C L C Y W X E G
T G Y F F H O D F R O C N A S Y
V A M S C E N T A U R E H R U T
R C L U F I G E Y D N C O Y G L
```

FAIRY   PEGASUS   MERMAID
DRAGON   CHIMERA   GRIFFIN
CENTAUR   GNOME   ALICORN

BUT WAIT, THERE'S MORE!

VISIT GO.YOUNGDREAMERSPRESS.COM/UNICORN-ACT

TO JOIN OUR NEWSLETTER AND
MAKE THEIR WORLD MORE COLORFUL WITH

FREE PRINTABLE COLORING PAGES!

ALL PAGES SIZED FOR 8.5 X 11 PAPER AND INCLUDE A WIDE
RANGE OF SUBJECTS INCLUDING: ANIMALS, KITTENS,
MERMAIDS, UNICORNS, MANDALAS, AN ASTRONAUT, PLANETS,
A FIRETRUCK, A CONSTRUCTION VEHICLE, CUPCAKES, AND MORE!